Josefine Müllers

Hortulus Bestiarum

Lyrisch-humoristische Brosamen
vom Sinn und Unsinn des Lebens

Josefine Müllers

Hortulus Bestiarum -
Komische Lyrik vom Sinn und Unsinn des Lebens

1. Auflage 2017

Gestaltung: Josefine Müllers
Cover-Foto: Pixabay Ray 01

Verlag: tredition GmbH, Hamburg

ISBN Paperback   978-3-7345-9745-9
ISBN Hardcover   978-3-7345-9746-6
ISBN e-book   978-3-7345-9747-3

Die deutsche Nationalbibliothek verzeichnet diese Publikation in der Deutschen Nationalbibliographie. Detaillierte bibliografische Daten sind im Internet abrufbar unter: http://dnb.d-nb.de

Prolog an den Leser

Geneigter Leser, ich lade dich herzlich ein,
In meinem wunderlichen *Gärtchen* Gast zu sein.
Du wirst, so mag es zurecht scheinen dir,
Hier stoßen auf mancherlei seltenes Getier.
Hältst du dich einfach für alles offen,
Kannst du getrost auf Entdeckungen hoffen.

Gekommen scheint für die Wahrheit die Stund,
Doch sag ich sie lieber mit lachendem Mund.
Mag sie sich auch ins Gewand des Spottes kleiden,
Ist es solcher, den Dichter gern spielerisch treiben.
Bei so manchem ironischen Bekenntnis
Rechne ich auf dein oft gerühmtes Verständnis.

Vieles ließe sich sicher besser machen,
Dennoch höre ich gern dein herzhaftes Lachen.
Lass es dir nicht nehmen auch selbst zu reimen
Oder mit Bildern und freien Assoziationen
Meinen witzigen Fleiß reich zu belohnen!
So haben wir beide am meisten davon.
Es lebe die Phantasie! Es lebe die Intuition!

Das schönste Geschenk ist eine heitere Stunde.
In diesem Sinne, Verse, macht eure Runde!
Der Worte Schicksal nimm deinen Lauf
Und alle Schmunzelnden in deinen Reigen auf!
Denn da Humor auch im Himmel nicht verpönt,
Bleiben alle Lachenden im großen Herzen versöhnt.

Hortulus Bestiarum

I. Hortulus bestiarum

Früh gefreit hat selten gereut

Der Sinn hat einst mit Un- verkehrt
Und sich dabei Hörner angestoßen,
Die Ehe hat sich nicht schlecht bewährt
Hier im Kleinen wie drüben im Großen.
Zwar gibt es auch Zoff, das ist normal,
Und der Anwalt plädiert auf Trennung,
Doch die beiden bestehen nun einmal
Auf die Zwei-in-Eins-Anerkennung.

Sokrates' Traum

Sokrates, der Philosoph,
Ebenso weise wie famos,
Hatte immer denselben Traum:
Es trieb ihn um im Weltenraum
Und ewig fand er keine Ruh,
Denn niemals im Leben kam er dazu,
Zu singen, wie ihm Apoll befahl.
Bevor man ihm das Leben stahl,
„Gesang ist alles" begriff er zuletzt
Und hat schnell Äsop noch in Verse gesetzt.
Drum sing ich schon heut mein tierisch Lied
Oh heiliger Sokrates, vergib!

Meine Meise

Meine Meise
Singt morgens ganz leise
(Sie kennt Nachbars Katz)
Und treibt Akrobatik im Oberstübchen.
So gestählt und gefittet,
Manierlich gesittet,
Erjagt sie manch' Rüpchen[1],
Es rührt sie kein Trübchen.
Und manch fetter Käfer,
Versteckt in der Hecke,
Den bringt sie zur Strecke
Mit Unschuldsmine
Perfekt auf der Bühne
Das ist meine Meise
In jeder Weise

---

[1] Das Räupchen ward zum Rüpchen.
Dies tat's, um sich besser zu verstecken,
Nicht etwa, um den Leser zu necken.

Vogelleben mit Aussicht

Mein Garten ist das reinste Vogelparadies.
Die Wiese gleicht einem weichen moosigen Vlies
Mit vielen Sträuchern und lebenden Hecken,
Die einladen zum Jagen und zum Verstecken.

Überall Insekten ohne Zahl und saftige Schnecken,
Wem sollte dieses Hauptgericht nicht schmecken!
Sonnenblumenkerne, Nüsse, Kirschen und Beeren
Lassen sich als köstlicher Nachtisch verzehren.

Sand für die Körperpflege und zum Suhlen,
Wasserstellen zum Trinken, Baden und Whirlpoolen.
Ein Baum hoch und dicht zum Kinder zur Welt Bringen,
Ein anderer mit breiten Ästen als Bühne zum Singen.

Ein hübsches Häuschen im dekorativen Ahorngehege
Zur künftigen Besiedlung durch das ganze Gelege.
Eine gedeckte Tafel mit Körnern, Rosinen und Brot,
Da hat ein Vogelleben wahrlich niemals Not.

Felchenreue

Ein Felchen auf dem Teller landet,
Fragt sich entsetzt: Wo bin ich gestrandet,
Nach einem Leben lustig und fein
Nun dies? Das muss mein Karma sein.

Fliegenentschluss

Auf einer Glatze saß ne Fliege,
Rannt' dort herum mit wenig Genüge,
Denn das Gelände war öd und rau,
Da langweilt sich schließlich jede Sau.
Nach langem nachdenklichem Gebrumm
Mit entschlossenem Fliegenblick fährt sie herum:
„Bin es leid hier länger die Platte zu putzen,
Will endlich was tun von wahrem Nutzen!"
Erhebt die Flügel im Freiheitsgenuss…
Und landet da, wo grad einer mal muss.

Kater im Sack

Ein Katerchen, gerade neu geboren
Aus Rebensaft, köstlich ausgegoren,
Wollt' allein nicht länger sein Dasein fristen,
Mit Kätzchen vergnügt im Strandkopf sitzen.
Bittet den Wirt sich schön vollzupumpen,
Doch Geschäfte macht man nicht mit Lumpen,
Denn dieser, statt Badener spritzig und fein,
Fährt Humpen schalen Biers in sich hinein
Und macht ne Bierkatz, dick und satt.
Mit so ner Braut sitzt kein Kater gern im Sack.

Die Leberlaus

Auf meiner Leber lief ne Laus
Und lief und lief, fand kaum mehr raus.
Da sprach sie schließlich voll Verdruss:
„Wie kann's, dass ich hier rennen muss?
Bin doch was Bessres von Geblüt.
Dieses Gerenne schlägt nur aufs Gemüt."
Und beschloss fortan ihr Leben zu fristen
Als Reblaus gemütlich im Wein zu nisten.

Die Löwenmöwe

Überm großen Wasser
Fliegt ne kleine Möwe,
Kämpft wahrhaftig wie ein Löwe
Gegen Sturm und gegen Braus.
Da juckt sie ne Laus
Versteckt unterm Flügel,
Über Wasserkamm und Wellenhügel
Da muss sie sich kratzen,
Die ehrgeizige Möwe,
Nun wird sie's verpatzen,
Ist eben doch kein Löwe
Die arme kleine Möwe.

Die hedonistischen Mücken

Auf einem braun gebrannten Rücken
tummelten sich zwei große Mücken.
Hatten sich begierig dort niedergelassen,
die Wirklichkeit im Erleben zu fassen,
indem sie die langen Rüssel voll Glut
eintauchten in das lebendige Blut,
um in vollen Zügen das Leben zu genießen.
Was konnte sie nun noch Schlimmes verdrießen?

Es litt hingegen der braune Rücken,
denn an zwei Stellen fing's an zu jücken,
und hin war's mit sommerlichem Entzücken.

Also hör die Moral von der Geschicht:
Streck statt des Rückens den Kopf ins Licht!

Die kluge Schnecke

Es kroch ganz langsam aus einer Hecke
eine zierlich hausgewandete Schnecke.
Sie wanderte ohne Hast noch Eile,
denn ihr Ziel war erst die letzte Zeile.

Sie kroch über Wiesen vorbei an rotem Mohn,
den ließ sie links liegen, den kannte sie schon.
Selbst Maiglöckchen konnten sie nicht verführen,
an ihren weißen Bechern zu rühren.

Sie koste nicht hier, sie schmauste nicht dort,
denn sie wusste, es gibt nur einen Ort.
Sie kroch beharrlich über Stock und Stein,
ließ alles fahren, ließ alles sein.

Und so strebte sie fort mit gemächlicher Weile
und kam endlich an in der letzten Zeile.

Der Löwe und die Maus

oder

Macht und Kunst

Ein Löwe döste faul im Gras,
als sich ein kleines Mäuschen vermaß,
ein Liedlein mit feiner Stimme zu flöten.

„Was piept denn hier so jämmerlich!",
schnaubte tobend der Wüterich.
„Das ist ja zum Antilopen Töten.
Ich mach dir gleich einen schönen Garaus,
ein Hieb mit der Tatze und aus die Maus."

Das Mäuschen ließ sich nicht verdrießen,
mit seinem Gesang die Welt zu versüßen
und sprang mutig dem Löw' ins Gesicht.
Es war eine Springmaus, das wusste er nicht.

Und so fällt auch hier erneut ins Gewicht,
dass Kunst roher Macht überlegen ist.

Das Huhn und das Ei

oder

Der Anfang der Dinge

Es stritten heftig ein Huhn und ein Ei,
wer am Anfang der Dinge sei.
Das Huhn beharrte steif und fest,
es bereite ja dem Ei erst das Nest.
Das Ei, so behauptet es jedenfalls keck,
bedeute die Ganzheit und sei so perfekt.

Das Ei ist im Huhn, das Huhn ist im Ei.
Dem Menschen ist das einerlei.
Unphilosophisch wie er einmal sei,
denkt er sich einfach gar nichts dabei,
köpft zum Frühstück das runde Ei
und verzehrt auch das Huhn noch ohne Scheu.

Schlagfertig

A: In Indien auf den Straßen soll es weiße Kühe geben,
die dort unangetastet und herrlich leben.

B: Was ist denn Sonderbares an diesem Brauch?
Bei uns tun das schließlich die Ochsen auch.

Osterhase und Hahn

Auf einer grünen Gartenbank
Saß der Hase, ach er war so krank!
Ihn plagten Rheuma und Arthrose,
Sprach: „Wer versteckt nun im Gras und Moose
Die schönen bunten Nester und Eier
Zur allfrühjährlichen Osterfeier?

Der Hahn krähte laut, schlug aufgeregt die Flügel,
Ließ den Kamm anschwellen auf des Mistes Hügel
Und meint, er hätte die Hennen voll im Griff,
Und demnächst sei es eben letzter Pfiff,
Dass die Hühner gleich selbst die Eier austragen,
Ohne hektische Hasen mit Arbeit zu plagen.
Das Verteilungssystem, das bisschen Organisation,
Sei der Rede nicht wert, das übernähme er schon.

Zu Ostern vergaß er im Stress zu krähen,
Und es waren weder Hase noch Huhn zu sehen.
Die Menschen lagen bis mittags im Bette
Und statt bunter Eier gab's nur Omelette.
Drum zieh die Lehr aus der Geschicht':
Wer im Vorfeld kräht, dem glaube nicht!

Das Meerschwein und das Warzenschwein

Das Meerschwein und das Warzenschwein
Die gingen eine Ehe ein
Vor einem Jahr,
Ach war das peinlich.

Das Meerschwein, das war ziemlich klein,
Das Warzenschwein - das ist gar nicht fein -,
Vor dem Altar
War es nicht reinlich.

Das Meerschwein und das Warzenschwein,
Die liebten es vereinigt zu sein.
Sie zeugten ein Mehrwarzenschwein.
Das war noch weniger reinlich.[2]
Wie peinlich!

---

[2] Dem Literaturbeflissenen fallen hier natürlich sofort die Verse der vollendeteren Engel aus Fausts Erlösung ein:
„Uns bleibt ein Erdenrest/ Zu tragen peinlich, / Und wär' er aus Asbest/ Er ist nicht reinlich".

Wesenhaft

Ein Wesen west im Wesensgrund.
Ein Schaf weidet im Wiesengrund.
Beide tun's aus ihres Wesens Grund:
Ein Wiesenwesen mag die Welt eben bunt.

Meister Adebars schlechter Tag

Als Storch da ist man immer aktiv,
doch an manchen Tagen läuft alles schief.

Um Frösche im Tümpel aufzuspüren,
muss man zunächst die Brühe aufrühren.
Doch ist der Schnabel verklumpt mit Schlamm und Erd',
ist auch das beste Froschbret keinen Groschen wert.

Die Familie muss sich mit Schnecken begnügen,
doch das kann Frau Adebar nur rügen.
„Danke", sagt sie nach vollendeter Landung auf dem
    Wagenrad,
„Bei dieser Kost ist man ja vom Klappern schon satt".

Trotz lahmer Flügel und geschwollener Storchenbeine
winken noch andere Pflichten, und zwar keine kleinen.
Welche das sind, wolltet ihr fragen?
Weit geht's über Land zum Babys Austragen.

„Was ist das?" schreien die Eltern, „wir wollten Zwillinge
    kaufen
und haben auch ordnungsgemäß zwei bestellt!"
Bei dem Gegreine kann auch mal ein Fehler unterlaufen,
und da wurden eben vier aufs Fensterbrett gestellt.

Pflanzenkinder im deutschen Frühling

Nasse Kleider, ganz klamme Sohlen,
Zittern in Kälte und Wirbelwind.
Da kann man sich leicht die Läuse holen
Und was da andrer netter Tierchen sind.

Heut Sonnenbrand, morgen im Regen ersaufen,
Solche Wechselbäder sind jedem ein Graus.
Das ist schier zum Blüten Ausraufen,
Und - mangels Zähne - fallen einem die Blätter aus.

Und bist du nicht mehr schön, sondern etwas verschrumpt,
Weiß der Mensch es dir ganz herrlich zu danken.
Erst wirst du mit Aufputschmitteln vollgepumpt,
Und schaffst du's nicht, kannst du auf dem Kompost
    abdanken.

Das will ich euch sagen, ganz unverblümt:
Solch ein Leben, das hat kein Kraut verdient.

Der philosophische Schwan

Nicht nur Sokrates hatte seine Xanthippe,
Auch der schöne weiße Schwan hat eine zänkische Frau.
So nimmt sie ihn ganz schön auf die Schippe,
Wenn er zu viel gründelt aus Gründen der Schau.

Sie spöttelt: „Du warst wohl mal wieder heilig-trunken,
Weil du zu viel des dunklen Weins genossen,
Statt deinen Schnabel ins klare Wasser zu tunken
Bei dem Symposion mit den Artgenossen.“

Wasser ist heilig-nüchtern, das wusste schon der Dichter,
Und Gemahlin Schwan ist nicht minder kundig,
Doch Wein löst die Zunge, und beim Philosophieren wird
    ihm lichter,
Darum macht sie ihm das Wasser nun mal nicht mundig.

Zwar auch mit klarem Wasser lässt sich singen,
Schon so mancher Schwan sang sich bis in den Tod,
Doch gründelt man gründlich, kann man's weiter bringen,
Denn das macht unsterblich und mit dem Tod keine Not.

Die konfuzianische Hausfliege

Ich habe als Haustier eine Stubenfliege.
Das kluge Tier nahm konfuzianische Ideale in sich auf:
Sie findet an einem gesunden, langen Leben Genüge
Mit meditierendem Gesumm und Höhenflügen zuhauf.

Fällt ihr auch der Lotussitz noch reichlich schwer,
Und täglich Askese zu üben noch viel mehr,
Am Anfang ist eben keiner schon perfekt,
Und über kleine Fehler sieht man gerne hinweg.

Am Morgen begrüßt sie mich mit heiterem Gebrumm
Und fliegt hundertmal im Kreis um meinen Kopf herum.
Das nervt mich manchmal tierisch, kann ich euch sagen,
Doch könnt' ich sie deshalb nicht heimtückisch erschla-
  gen.

Denn ein Haustier ist einem eben ans Herz gewachsen,
Dagegen kann man einfach gar nichts machen.
Die Fliege und ich bleiben sympathetisch verbunden,
Mir brummt der Schädel und sie dreht ihre Runden.

Mein talentierter Kater

Mein Kater, Meister Schnurr, ist gar zu verständig,
Er schreibt auf dem Computer sozusagen freihändig.
Hat er mal wieder ne Geschichte ausgeheckt,
Tippt er sie im Zwei-Pfoten-Suchsystem nahezu perfekt.

Sein letzter Krimi handelt vom Mord an Mini.
Das war ein Mäuschen, ganz zart und rein,
Zum Anbeißen niedlich, doch soo allein,
Bis Fido, Eminenz in Grau, den Braten entdeckt
Und die arme Mini mit nem Sprung zu Tode erschreckt.

Seit neuestem hat sich Schnurr aufs Dichten verlegt,
hält auch selber Lesungen im Katzen-Original-Ton.
Auf dem Dach sind alle Ränge dicht belegt
Bei den Liebes-Mauzgesängen Schnurrscher Version.

Die Katzendamen schmelzen vor Entzücken dahin,
Und es erobert' Schnurr sich schon so manches Herz,
Nur Nachbars Hektor hat für feine Kunst keinen Sinn
Und treibt bellend mit der Menge üblen Scherz.

Im Fernsehen läuft demnächst eine Schnurr-Verfilmung.
Er spielt selbst den Held, ein Kater von Welt,
Der die Liebste verlässt mit allem Drum und Dran.
Dies Thema bedarf noch etwas der Gewöhnung,
Sofern man sich an Katzenjammer gewöhnen kann.

Meisen-Widerstreit

Die A-meise, emsig, wie sie nun mal ist,
steht frühmorgens auf ohne jedes Säumen.
Die B-meise, träge, weiß von keiner Frist.
Sie will ganz einfach nur weiterträumen.

Die A-meise, auf Reinlichkeit und Ordnung bedacht,
kann nach Dusche und Frühstück ihr Tagwerk draußen
    beginnen.
Die B-meise denkt, es ist noch halbe Nacht,
ich nehme mein Ohropax und bleib im Bette drinnen.

Während die A-meise eilends 10 grüne Blätter zerfetzt,
um sie, mühsam beladen, zu schleppen in ihr Nest,
murrt die B-meise leise „Was treibt die wie gehetzt?
Ich bin genial, hab im Schlummer schon 10 Verse gesetzt
und kann nun den Tag genießen wie ein Fest.‟

Das ist der beiden täglicher Kampf und Malaise.
Wann kommt es endlich zur glücklichen Synthese!
Jeder weiß, wer A sagt, sollte auch B nicht vergessen,
Oder man sagt weder A noch B.
Aber wer ist schon auf eine Meise versessen?

Oh süßes Menschenkind

„Wie ist der süß!" rief der kleine Affe
an Mama Schimpansens Brust gekrallt,
da die Menschen vorm Affengehege gaffen
und klein Felix aufgeregt die Fäuste ballt.

„Der fällt immer hin, kann gar nicht recht laufen,
da sind wir Affenkinder doch viel besser.
Wir können sogar klettern und richtig raufen.
Auch im Weitsprung, wette ich, sind wir kesser."

„So ist's!", klärt Schimpansen-Papa das Söhnchen auf,
„des Menschen Vorderbeine sind bei weitem zu kurz,
das führt zu einem behinderten Lauf,
und mangels Balance kommt es oft zum Sturz.

Du siehst, ein Mensch ist ein armer Tropf.
Wir Affen stehen weit über diesem Geschlecht."
Da wirft ihm klein Felix die Banane an den Kopf:
„Aber im Zielen sind wir gar nicht so schlecht."

Das gekränkte Einhorn

Man hat es lange tot geglaubt,
Das Wundertier mit dem spitzen Horn.
Da hat es abends kräftig geschnaubt
Am Waldessaum im hohen Korn.

Die Mädchen erstaunten und wurden ganz leis.
Sie wollten ihren Augen nicht trauen:
Ein Ross mit goldnem Horn und einem Fell so weiß
Im Mondesglanz prächtig anzuschauen.

Sie lockten es mit Worten und süßem Duft,
Sich heimlich in ihren Schoß zu legen.
Da schnuppert das Einhorn in der Luft:[3]
Das Angebot schien ihm ziemlich verwegen.

Eilends zog es sich zurück in den Wald
Und wird auch wohl nimmer gesehen so bald.

---

[3] Dies seltsame Verhalten ist auf die Legende zurückzuführen, dass das keusche Einhorn sich nur von einem jungfräulichen Mädchen einfangen lässt, dessen Geruch es wittert. Alle anderen laufen Gefahr, von seinem spitzen Horn durchbohrt zu werden.

Eisbär und Brummbär

Über Knut und alle Eisbären kann man nur staunen.
Sie leben bei minus 50 Grad am kalten Pol.
Der Brummbär aber kann nur brummen und etwas raunen.
Seine Gesellschaftsfunktion, wer kennt die wohl?

Der stolze Eisbär wird geliebt und anerkannt,
Wenn er behäbig tapsend sein Revier durchstreift.
Der Brummbär hingegen bleibt ungenannt,
Da er brummend den Bürgern in die Seite kneift.

Doch in einem sind sich Eis- und Brummbär völlig einig:
Wenn die Sonne weiter über dem Ozonloch brennt,
die Pole schmelzen und die Zeit ungenützt verrennt,
Wird der Lebensraum knapp und die Sache brandeilig.

Der gesellige Igel

Ein Igel, der sehr oft allein
und sich so richtig eingeigelt,
wollte einmal gesellig sein.
Drum steckte er seine Pfeife ein
und zupfte auf der Fiedel.

Er lud eine Schöne zum Tanze ein.
Beim Klang der Schalmeien und der Fiedel
schloss er sie fest in die Arme ein,
um beim Walzer ihr recht nah zu sein.

Da schrie sie „au!" und „ach!" und „nein!",
„Oh lasse das gefälligst sein!
Du pickst ja wie ein Stachelschwein.
Ein Igel sollt' stets auf Abstand bedacht sein."

Ein Igel, der sich oft eingeigelt,
will er auch mal gesellig sein,
zieht schwerlich seine Stacheln ein.
Und spielt er noch so gut die Fiedel,
Er lebt wohl am besten allein, so ein Igel.

Auch Bienenfleiß hat seinen Preis

Ein Bienchen auf einer roten Rose saß
Und sich in zärtlichen Träumen vergaß.
Es sog den süßen Duft ein in vollen Zügen,
Doch ward es mit der Zeit ganz unzufrieden.
Geplagt wurd's von einem bösen Gewissen,
Mit der Beute schnellstens heimfliegen zu müssen.

Da beschloss es, so geht das Leben nicht weiter,
Ich möchte auch mal ein Stündchen unbeschwert und
    heiter,
Sammle unermüdlich Pollen und bleibe dennoch arm.
Ich hab die Schufterei, und die Erträge hat der Schwarm.
Im Stock angekommen, wollt' es Arbeiter mobilisieren,
Sie zum Protest und zum Streik animieren.
Das Militär, bereit, den Aufstand im Keim zu ersticken,
Würde die alte Ordnung mit Kriegern durchdrücken.

Das benahm der behäbigen Königin ihre Ruh.
Sie wollte nicht, dass die Untertanen demonstrieren,
Mit Rüsseln und Stacheln Blumenkelche demolieren,
Drum stimmte sie einer Bienengewerkschaft zu.
Davon versprach sie sich eine schnelle Wende.
Für die Bienen gibt's nun ein freies Wochenende,
Außerdem als jetzt übliche Sonderzulage
Eine Extra-Portion Honig für die Ruhetage.

Rosige Aussichten

„Lass deine schmutzigen Fühler von mir!"
Schimpfte die Rose auf den Käfer.
„Du stinkst ja immer noch nach Bier
Und entpuppst dich als ein langweiliger Schläfer.
Dein Rüssel ist lahm und deine Flügel viel zu kurz.
Stammt das vielleicht von einem nächtlichen Sturz?"

Der Käfer zog eilends seinen Kopf unter die Flügel.
„Ich bin dir anscheinend in nichts mehr zu Genüge.
In Nachbars Garten blühen auch schöne Rosen
Zum Nektar Trinken und zum Kosen,"
Brummte er beleidigt und flog über die Heck'.
Typisch Mann! Wenn's ernst wird, sind sie weg.

II. Spielerisch getarnt und gewendet

Sicht-Weisen auf das Leben

War es mit Absicht oder aus Versehen,
Dass ich auf die Erde hinuntersah?
Im Nachhinein lässt sich nur schwer ersehen,
Ob es Liebe oder Leichtsinn war.
Es scheint mir, ich wollt' mich für etwas belohnen,
Das schon vor sehr langer Zeit geschah.

Aus der Fernsicht erschien alles als lustiges Gewimmel
Voller bunter Farben auf einer prächtigen Bühne,
Von dem ich mir eine Menge Spaß versprach.
Doch bei Nahsicht erwies es sich als schlimmes Getüm-
    mel,
Es entstand in mir ein Anflug von Sühne
Und die bange Frage, ob ich mich nicht versah
Und ob mein Wunsch, auf die Erde zu gehen,
Allenthalben sinnvoll war.

Ich begriff, hat man sich einmal auf Kurzsicht eingelassen,
Beginnt das höhere Ziel schnell zu verblassen,
Und gerät das Wesentliche aus dem Blick,
Ist bald die Übersicht gänzlich verloren,
Und es wird schwierig mit dem Weg zurück.
Dass man auf der Erde wird wiedergeboren,
Erscheint bei näherer Hinsicht als fragwürdiges Geschick.

Dessen eingedenk, wusst' ich, es ist Vorsicht geboten,
Und mit der Geburt hat es keine Eile.
Aus Versehen, da ist schon so manches geschehen,
Drum fass dich in Geduld und warte eine Weile! -
Doch so allein im Dunkeln packt' mich Langeweile,
Und also bekam die Mama ihre Wehen.

Ich sprach mir Mut zu und mit Zuversicht
Strampelnd und schreiend erstürmt' ich die Festung,
Und nach getaner Arbeit als ganz große Leistung
Erblickt' ich kurz vor Sonnenuntergang das Licht.
Der milde Abendschein erwärmte mir das Herz
Und zauberte ein Lächeln auf mein Gesicht.

In so mancher Hinsicht, so dacht' ich mit Umsicht,
Ist es doch gar nicht so schlecht hier bestellt.
Es ist alles Ansicht und mit etwas Weitsicht
Lässt es sich hier leben in dieser Welt.
Mit dieser Einsicht und mit einiger Aussicht
Auf eine nicht ganz unnütze Zeit
Bracht' ich es auf stolze 68 Jahr'
Und bin mit Freude und viel himmlischer Nachsicht,
So hoff' ich, auch noch etwas länger da.

Sicht-Weisen auf das Leben (Kurzversion)

Du fragst dich, ob sich das Leben lohnt,
Oder bliebe man besser davon verschont,
Wo man doch so herzlich viel vermisst
An diesem ach so einsamen Ort!
Ich gebe dir meine Antwort,
Sie ist ehrlich, sei dessen gewiss:

In jedweder Hinsicht
Mit entsprechender Einsicht
Ohne zu viel Aufsicht
Mit jeder Menge Rücksicht
Und genügend Umsicht
Bei einer gewissen Weitsicht
Und auch ein wenig Vorsicht
Mit recht großer Nachsicht
Und allerbester Absicht
Mit höchst möglicher Zuversicht
Und einer guten Portion Humor

Lohnt sich das Leben allzumal
Jetzt und erneut auf jeden Fall.

Der unwiderstehliche (F)Akt

Alles begann mit einem Akt,
wobei die Schöne reichlich nackt.
Das bracht den Maler aus dem Takt,
zu hastig er den Pinsel packt,
der nun statt zu runden etwas zackt.
Mit irdenem Braun er was drüberlackt.
Doch als das so zusammenbackt,
- Entschuldigung, aber das ist ein Fakt -,
sah es aus wie hingekackt,
darob die Schöne hemmungslos gackt
und er, gänzlich aus der Fassung gebrach(k)t,
wütend alles zusammensackt
und das schöne Bild zu Kleinholz hackt.-

So kommt es, wenn man zu Unzeiten lach(k)t
Und sich über die Schönheit lust-ig mach(k)t.

Körpersprache für Verliebte

Sie fiel mir gleich in die Augen
unter allen, die dort waren.
Mein Herz begann zu pochen
beim näheren Hinsehen.
Der Atem stockte mir
jedes Mal, wenn ich ihr begegnete.
Es brannte mir auf den Nägeln,
ihr meine Liebe zu gestehen.
Aber die Kehle schnürte sich mir zu
beim ersten Wort,
die Augen gingen mir über,
die Knie begannen zu zittern.
Ich wollte schon die Beine in die Hände nehmen,
aber sie wurden mir schwer.
Als sie meine Hand nahm
und sie drückte,
wurde mich leicht ums Herz.
Wir wurden sehr glücklich.
Wir lebten wie ein Herz und eine Seele.

Bis eines Tages…
Da kam mir zu Ohren,
sie mache einem Anderen schöne Augen.
Ich roch Verrat.
Als ich sie flüstern hörte,
bekam ich große Ohren,
ich wurde ganz Ohr,
ich hielt den Atem an,
ich nahm Witterung auf,

es fiel mir wie Schuppen von den Augen:
der junge Nachbar von nebenan.
Das Herz blieb mir stehen,
der Magen drehte sich mir um,
die Galle lief mir über
bei dem Gedanken, sie könnte…
Das Blut stockte mir,
ich bekam einen dicken Hals,
mein Kopf wollte platzen,
ich kochte vor Wut.
Ich würde ihr die schönen Augen auskratzen,
falls sie es wagte -

Sie trat mir unter die Augen,
schaute tief hinein,
verlor sich in ihnen,
lehnte sich vertraut an meine Schulter
und führte meine Hand an ihre Wange.
Ich hielt den Atem an,
ich küsste sie …
und drückte ein Auge zu
für diesmal.

Frühlingskantate

Frühling ist eingekehrt, schon wieder ist März,
Das öffnet dem begeisterten Sänger das Herz.
Er singt der Liebsten in Quint und Terz,
Und der Jungfrau geht es gewaltig ans Herz.
Sie verdrückt ein Tränchen aus Liebesglück und -schmerz.
Ein mancher gewinnt so eines Mädchens Herz
Und treibt mit diesem am Ende nur Scherz.
Drum das Mädel von heut pfeift auf des Sängers Herz
Und wählt stattdessen einen edlen Nerz!

Die verkehrte Welt des Alters

Die Haare stehen,
die Beine liegen.
Die Nase läuft,
die Füße riechen.
Der Darm macht Geräusche,
während die Kehle enthaltsam schweigt.
Die Haut legt sich in Denker-Falten,
die Stirn wird glatt und kahl.
Die Tränensäcke drängen,
die Samensäcke hängen.
Im Gebiss lauter Synapsen,
der Verstand kaut verbissen wider.
Die Gehirnleistung sinkt
im Maße wie der Blutdruck steigt.
Doch der Stock geht so lang weiter
bis der Atem schließlich …stockt.

Er hat sie auf dem Hals, falls...

Früher sagte er stets, „Bleib mir mit Heirat vom Hals!
Die Sache käme mir wirklich ungelegen, falls..."
Er schenkte einer Blumen, die fiel ihm gleich um den
   Hals.
Da schien es ihm etwas weniger ungelegen, falls...

Als sie dann zusammen spazieren gingen,
Machte die Nachbarin einen langen Hals.
Der käme es sicher recht ungelegen, falls...

Sie schimpfte: „Die wirft sich ihm aber an den Hals,
Und es wird sicher schwierig für ihn werden,
Sie sich wieder vom Halse zu schaffen, falls..."

Er aber hatte sich Hals über Kopf verliebt,
So dass es nicht nur beim Küssen blieb.
Bei seinem Antrag blieb ihm das Wort stecken im Hals,
Aber es kam ihm gar nicht mehr ungelegen, falls...

Zur Heirat wünschte man ihm Hals- und Beinbruch,
Aber auch vieles andere auf den Hals.
Dies andere käme freilich ziemlich ungelegen, falls...

Ein halbes Jahr später bemerkte er verdrossen:
„Ich habe mich in ein verwöhntes Luder verschossen.
Ich hab mir viel zu viel auf den Hals geladen,
Und die Sache wächst mir allmählich über den Kopf."

„Lang hat's nicht gedauert", sagten die andern,
„ihr werdet sehen, nun ist er bald ein armer Tropf".
Er ärgerte sich und bekam einen dicken Hals,
„So geht es uns armen Männern, falls…"

Um sie nicht länger auf dem Hals zu haben,
Bot er Scheidung an, für sie ganz ohne Schaden.
Er schenkte ihr bereitwillig Hof und Haus,
Denn die Geschichte hing ihm zum Halse heraus.

Die anderen höhnten und meinten voller Spott,
„Es kostet ihn ne Menge, wenn auch nicht den Hals,
Und ihr kommt's sicher nicht ungelegen, falls…"

Das Gelege

Ist ein Dichter gut aufgelegt,
Und hat seine Brille nicht verlegt,
Wird nicht lange überlegt,
Schnell ist ein Gedicht aufs Papier hingelegt.
Mit schönen Wendungen unterlegt,
Wird's bei einem Verlag hinterlegt.
Nachdem dieser ein Sümmchen ausgelegt,
Wird es dem Publikum gedruckt vorgelegt
Und sich auch von manch einem zugelegt.
Von Kritikern wird einiges untergelegt,
Sodann wird es von Kennern ausgelegt.

Oh je, wem ist bei solch heiklem Gelege
Wohl noch an einem guten Gedicht gelegen?

Der verschwundene Satz

Mit bestem Vorsatz,
doch mit wenig Einsatz
gelangte einmal ein Satz aufs Papier.

Als ein Nebensatz,
verbunden mit nem Hauptsatz,
machte er sich nicht sonderlich hier.

Nach nur einem Absatz
wurde er zum bloßen Nachsatz
in einem großen Aufsatz
und verlor für sein Wesen das Gespür.

Er sah sich als Versatz
ohne jede Wirkung
und sein Leben als Illusion und Schein.

So nahm er Dienst auf,
als Ersatz eines Untersatzes
diente er einer Tasse alt und gemein

Und ging letztendlich
sang- und klanglos
in deren schwarzen Kaffeesatz ein.

Aus diesem magst du lesen
jenes verlorenen Satzes Wesen,
sollte dir an seiner Existenz gelegen sein.

III. Gesellschaftlich-Menschliches Allzumenschliches

Bürgers Nachtgebet

Müde bin ich, geh zur Ruh,
Drücke beide Äuglein zu,
Zwei zur linken, zwei zur rechten,
Die guten ins Kröpfchen, ins Töpfchen die schlechten.

Kohl im Topf – Rezept

Jeder Deckel findet seinen Topf
Wie jeder Hals den passenden Kopf
Und sollte auch der Kragen platzen
Im Topf gibt's immer noch was zum Verschmatzen

Lügenbeine

Wer einmal lügt, dem glaubt man gern,
Denn Wahrheit, die liegt himmelfern.
Und Lüge, langbeinig à la mode,
Macht sich brillant im Werbespot.
Und sollten die Beine mal laufen müssen,
Gibt's immer noch Schmiere den Spurt zu versüßen.

Die junge Hausfrau

Fernsehaerobic, das ist der Brauch,
bringt mich in Schwung und meinen Bauch.
Zum Frühstück Kaffee und Zigarette
Tun es auch, auf dass ich wette.
Schnell mal simsen, mit Freundinnen twittern,
News austauschen, mit anderen zittern.
Nun aber fix und sich beeilt,
bin für heute noch nicht gestylt.
Anderthalb Kinder - das ist der Schnitt -
soo viel Hektik, wer macht das mit?
Babys in Kitas abzuhängen,
sich in Supermarktschlangen zu drängen,
zwischendurch zum Coiffeur zu sausen,
als Chauffeuse hin und her zu brausen!
Letzte Rettung: die Fastfoodkette.
Wen stören da schon die vielen Fette?
Big Macs und Burger aller Art
sind für unsere Kids apart.
Völlig out sind Bratwurst und Wirsing,
in sind Tatoo und Zungenpiercing.

Moderne Altersweisheit

Heißes Höschen und Minitop
für Fettpolster im Straßensalopp.
Laufband und Walking-Stock
machen auch lahmen Hüften Bock.
Will trotzdem das ein oder andre versagen,
der Schönheitsdoktor tut nie verzagen.
Er hat für dich und sich ein Ziel:
ein schönes Polster und mehr Profil.
Fürs Alter deshalb der beste Spot:
Statt Lotus und Sarah[4]
nur Botox und Viagra.

---

[4] Den Bibel-Unkundigen sei gesagt, dass Sarah noch im hohen Alter von Gott mit einem Sohn beschenkt wurde.

Die schöne heile Finanzwelt

„Mensch, warum machst du dir denn Sorgen,
denkst mit Bangigkeit an Morgen?
Es gibt doch Kredite und jede Menge Banken,
nur dein Zögern setzt dir hier Schranken."

Millionen, Milliarden, eine unendliche Zahl
fließen durch Computer ohne jede Wahl,
zirkulieren überall, man sagt zu aller Segen,
keiner weiß mehr wo, kennt die geheimen Wege.

Beflissene Herren im grauen Jackette
Spekulieren, makulieren, fasulieren um die Wette.
Sie sind nun einmal die neuen Götter,
der Geprellten Opfer machen sie stets fetter!

Der Bürger, geblendet von der Zahlen Fülle,
erkennt nicht des Scheines papierne Hülle.
Fasziniert von dem irren Gaukelspiel,
erstrebt er am Ende nur noch ein Ziel:

Mehr und mehr, immer weiter, immer höher.
So kommt er dem Himmel doch sicher näher?
Die Stirne umblendet, scheint ihm alles heller,
das Karussell dreht sich derweil immer schneller.

Den Kopf in den Wolken, die Füße tief im Sumpf:
Das ist der Finanzwelt letzter großer Trumpf.

Das seltsame Spiel

Wie zufällig von einem anderen Stern
Blickt ein Wesen auf die Erde fern,
Sieht eine grüne Fläche, fast wie Natur,
Darauf kleine Männchen. Was machen sie nur?
Von Logik hat das keine Spur.

Sie rennen verzweifelt einem Ball hinterher.
Haben sie ihn schließlich, sieht man den nicht mehr,
Denn sie schießen ihn gleich wieder weit weg.
Das scheint ja völlig ohne Sinn und ohne Zweck.

Die Massen rundum schreien buh und hurra.
Wozu sind bloß so viele da,
Wenn sie nichts weiter tun als laut zu schreien?
Man sieht auch Fahnenschwenker in den Reihen.

Ist das Ganze gar ein Opferritual?
Doch wer sind die Opfer und was der Altar?
Da wundert man sich nur und bleibt schließlich stumm,
Die Erdlinge scheinen wirklich sehr dumm.

Papas liebstes Kind

Papas liebstes Kind braucht keinen Kinderwagen,
hat selbst vier Räder und kann prächtig fahren.
Es hat etliche Geschwister, ja ganze Scharen,
wenn auch wenige von Papa anerkannt waren.

Obwohl alle die reinsten Straßenkinder sind,
sind ihre Adoptiveltern vor Liebe blind.
Zwar ist das Gestell aus Blech, nicht aus Gold,
dennoch sind ihnen ihre Papas hold.

Sie pflegen und hegen sie zu jeder Zeit,
denn werden sie krank, fahren sie nicht weit.
Für nachts haben sie ein eignes Häuschen aus Stein
mit automatischer Tür und Klinke aus Elfenbein.

Statt Milch bekommt der Kleine Benzin zu trinken,
was ihn aber nicht daran hindert zu stinken.
Papa ist auf Filius stolz, und ohne Qual
Drückt er mal ordentlich aufs Gaspedal.

Sollten die beiden vor einem Baume stranden
oder versehentlich im Graben landen,
tragen die Schuld die illegitimen Söhne,
denn Papa fährt super und der Kleine hat seine Gene.

Der gemütliche Fernsehabend

Flugzeugkatastrophen, Erdbeben, Hungersnot,
Und das alles beim gemeinsamen Abendbrot.
„Mit was muss man sich alles im Leben plagen!
Liebling, noch ein wenig Wein? Dann musst du es sagen."

„Tatort" schon wieder und Thriller auf sämtlichen
    Sendern,
Gewalt und Gräuel in allen Gewändern.
Die Zuschauer lieben Nervenkitzel und Gefahr.
Die Schauspieler auch, so ist jeder mal Kommissar.

Zahlreiche Serien mit Ärzten und Operationen,
Für die Pharmaindustrie muss sich das Sponsering lohnen.
Krankheitsgeschichten können auch Rentner verstehen
und zwischen den Kreuzfahrten mal was anderes sehen.

In der neuesten Tele-Novela spielt ganz in weiß die
    schöne Bella.
Sie kann sich nicht entscheiden ob Morton oder Ella.
Wird sie's nicht bereuen? Sie zögert noch vorm Altar.
Die las niemals Kierkegaard, das ist sonnenklar.[5]

Und dann noch FC Kleksdorf gegen Oberhintershausen.
Dafür lässt Papa sogar mal eine Party sausen.

---

[5] Der scharfsinnig-dialektische Philosoph Sören Kierkegaard rät seinen Lesern: „Heirate, und du wirst es bereuen, heirate nicht, und du wirst es auch bereuen. Heirate oder heirate nicht, du wirst beides bereuen."

So denken auch die Kids und wollen alle kicken.
Das mit der Schule, das kann man einfach knicken.

Die war ohnehin schon immer zum Erbrechen,
Und als Profi lernt man - wenn auch retardiert - sogar
  sprechen.
Wenn das dann endlich leidlich klappt,
Wird das Profigehalt mit Werbung aufgepappt.

Werbespots sind einfach klasse, die ganz heißen und die
  coolen,
Da kann sich der Verstand in Wiederholungen suhlen,
Und man findet sich am Ende bei den Privaten wieder.
Da kriegt man alles vom Bohrer bis zum nahtlosen
  Mieder.

Schließlich steht im Königshaus noch eine Taufe auf dem
  Plan,
Die turnt das Volk und die Zuschauer mächtig an.
Man feiert ganz groß in Saus und Braus.
Das bringt Sonder-Zuwendung fürs Baby und -Auf-
  wendungen fürs Haus.

So zippt man sich Abend für Abend durch die Fernsehwelt
Bis man endlich erschöpft gähnend in Tiefschlaf fällt.

Der Fluch der Technik

oder

Unendliche Iteration

Zwischen Smartphone, Computer und Rooter
Wartet, schon ziemlich verängstigt, ein Ich.
Vom Rumgesimse kriegt es das Zittern,
Es dröhnt ihm der Kopf, und wohin weiß es nicht.

Es war schon bei Facebook und auch bei Twitter,
Da wurde ihm plötzlich ganz schwarz vorm Gesicht:
Es war nicht nur einmal, war dreifach, war zehnfach,
ja unendlich verdoppelt, man glaubt es nicht.

„Bin das ich, bin ich's nicht, sind das alle Ichs
oder sind alle Nicht-Ichs vorgetäuschte Ichs?[6]
Ich schau mich in allen selber an.
Bin ich Gott? Bin ich Wahn? Und wenn man nun irrt?"
So fragt es erregt und aufs Höchste verwirrt.

Drum, liebes Ich, hab Acht beim Twittern,
Und hüte dich vorm unendlichen Itern,
Sonst läufst du Gefahr gänzlich zu zersplittern,
Und es erscheinen an deinem Geburtstagsfeste
Für alle Ichs viele ungeladenen Gäste.

---

[6] So mancher Jugendliche erreicht die unendliche Iteration ganz spielerisch
und ohne Fichtes Philosophie zu kennen.

Wochenend und Sonnenschein …

Ist endlich die Schufterei vorbei
Und man hat am Samstag frei,
Geht man gern shoppen, ohne Stress und Eile
Auf der schicken Altstadtmeile.

Hier findet sich alles, dicht an dicht gedrängt,
Schuhkaskaden und Fähnlein die bunten, warmen und
    kühlen,
Aufgetürmt, in Haufen gezwängt, lässig auf Bügel
    aufgehängt,
Spaß kommt erst so richtig auf beim Wühlen.

So geht es die Meile herauf und herunter,
Schnell mal aufs Klöchen, ein Eis auf die Hand,
Schon sind alle wieder putzmunter
Für die Schnäppchenjagd im Kaufrauschland.

Mittags gibt's was Kleines zum Vernaschen,
Uschi will Sushi, Hans ein Steak, Pommes mit Majo die
    Kleinen.
Schnell ist alles runtergeschlungen, Hündchen anleinen,
Tüten und Pakete schnappen, nicht zu vergessen die
    großen Taschen.

Und weiter geht es im Straßengalopp,
Kinder quengeln, Füße schmerzen, Kreditkarten
    rauchen…
Am Ende sagt entschlossen der Rücken „Stopp!".
Ja gemütliches Shopping kann eben auch schlauchen.

Tierischer Streit zwischen Eheleuten

Er: Nachbars Otto hat mal wieder ne neue Karre.
Wie kommt der zu der Knete, das ist doch bizarre.

Sie: Und Anna einen Mops und ist doch selber fett,
Die alte Schlange, sie tut bloß immer so nett.

Er: Hast ihnen wohl von unsern Plänen mit dem Benz
erzählt,
Dumme Gans, lässt dich ausholen, wie's einem
gefällt!

Sie: Alter Esel, bist es wohl selber gewesen,
Der sich verplappert hat im Suff am Tresen.

Er: Ich wette, du hast dich verquatscht drüben an der
Hecke,
Im Denken bist du eben langsam wie ne Schnecke.

Sie: Und du bist ein schlauer Fuchs, du geiler Bock,
Siehst am liebsten den jungen Dingern untern Rock.

Er: Lahme Ente, freche Pute, dumme Ziege.
Dir lag die Intelligenz wohl in der Wiege.

Sie: Bist sensibel wie ein Nashornpanzer und wie ein
Fisch so glibberig und kalt,
Bist stachelig wie ein Igel, läufig wie der Hase
und wendig wie ne Schildkröt', nur doppelt so alt.

Er: Hinterhältige Spinne, giftige Tarantel, hast einen
Stachel wie ein Skorpion,
Lockst alle in dein Netz, lässt sie nach deiner Pfeife
tanzen, so bekommt jeder seinen Lohn.

Sie: Bei jungen Weibern krähst du wie ein Hahn unter
Hennen und bist zudem eitel wie ein Pfau,
Bei mir kannst du Faultier immer nur pennen und
nimmst es mit der Knete ganz genau.

Er: Du bist gierig wie ne Elster, hast nen Schnabel wie
zehn Krähen…
Es hat geklingelt. So geh mal zur Tür, um nach-
zusehen!

Sie: (von der Haustür aus)
Otto und Anna schauen vorbei, wer hätte das gedacht,
Kommt herein, Ihr Lieben, wie uns das Freude macht!

Not des Alterns

Altern geht schnell und kommt unerwartet,
aller möglichen Vorwarnungen ungeachtet.
Lieber lüd' man sich andere Gäste ins Haus,
doch die bleiben leider immer mehr aus.

Mit manchem hat es nun seine liebe Not,
denn vieles geriet plötzlich aus dem Lot.
Schon liegst du flach, der Kreislauf kann mal versagen,
die Leber ergeht sich in allabendlichen Klagen.

Was stand, das hängt nun allzu gern,
Jugend und Liebe sind ach so fern!
Niemals mehr erscheint ein adretter Kalfakter,
stattdessen ungebeten nur Helikubakter.

Du hangelst dich zwischen Sofa und Klo,
sich zu wehren nützt nichts, das ist nun mal so.
Nachts im Bett bleibt dir auch nichts groß zu wählen,
du lernst mit der Zeit perfekt Schäfchen zählen.

Was dich tags übermannt, ist nur der Schlaf,
der macht dich allmählich selbst zum zahmen Schaf.
Und bist du endlich in dein Schicksal ergeben,
freust du dich bereits auf dein nächstes Leben.

Paco vor der Himmelspforte

Paco hat geschafft so manches Jahr
Im schönen, blühenden Allemania.
Nun war er hin und ohne Haar
Und sehnte sich nach der Engel Schar.

So stand er vor Petrus an der Himmelspforte
Und erhofft' seinen Lohn am himmlischen Orte.
Dacht': "Ich bin ganz bleich und abgezehrt,
Das Paradies wird mir gewiss nicht verwehrt."

Doch Petrus schaut' bedenklich und zupft' sich am Bart.
„Junge", sprach er, „ich fürchte, du schlägst aus der Art.
Was hast du auf Erden groß gemacht?
Zu was hast du es dort unten gebracht?

Weder Mercedes-Coupé noch Katamaran,
Nur läppisches Internet mit Weh-Lan.
An Reisen trotz ständigem großen Fernweh
Nur Über-lingen, Konschtanz und Bodensee.

Beim Himmel, nein, das kann nicht sein.
Es tut mir leid, so kannst du nicht rein.
Für weitere 20 Jahr geh noch mal runter!
Danach sehn wir weiter. Und bleibe munter!

Hals und Beinbruch, Kerle, fahre wohl!
Frag dich nimmer, was das soll,
Arbeite fleißig und das richtig Teure wähle!
Nun mach dich fort! Grüß Gott. Adele."

IV. Märchenhaft-Wirkliches

Dornröschen

Nun lieg ich hier, sprach verzweifelt die Alte,
und warte schon so manches Jahr,
seitdem das mit der blöden Spindel geschah.
Genau sind's 120 Jahre heut auf den Tag,
dass Dornröschen in tiefem Schlummer lag
in diesen vermaledeiten Rosen.
Kommt denn keiner vorbei, um mich zu kosen?
Will kein Mann vor meiner Schönheit erbleichen?
Das ist ja schier zum Steine Erweichen
und schließlich auch zum Felsen Erbarmen.
Hat denn keiner Mitleid mit mir Armen?
Will niemand in meiner Nähe sein,
so muss ich wohl doch ins Altenheim.
Denn auf die Dauer macht das hier keinen Spaß,
und auf Prinzen ist heut eben nicht mehr Verlass.

Ach wie gut, dass keiner weiß

Die Müllertochter im Kerker schwitzt.
Leider ist sie nicht so gewitzt,
Gold zu spinnen aus bloßem Stroh.
Darüber ist nur einer froh.
Das kleine Männlein aus dem Wald
Weiß die Lage zu nutzen allzu bald.
Ach wie gut, dass keiner weiß,
Dass ich Rumpelstilzchen heiß.

Spenden flossen für die Partei.
Ach, da ist doch nichts dabei.
Nur flossen sie in schwarze Kassen
Mit einem riesengroßen Loch.
Keiner weiß was, einer wusste es doch.
Der Kohl ist verbrannt, die Sache viel zu heiß.
Ach wie gut, dass keiner weiß,
Dass ich Rumpelstilzchen heiß.

Höchstes Ziel ist, möglichst viele Waffen zu kaufen,
Während in den Meeren Menschen wie Tiere ersaufen,
Wollen alle ihre Hände in Unschuld waschen.
Keiner bleibt gern hängen in den Maschen.
Neue Wege zu gehen kostet Schweiß.
Drum legt jeder Minister die Sache gern auf Eis.
Ach wie gut, dass keiner weiß,
Dass ich Rumpelstilzchen heiß.

Froschkönigin

Zwar mangelt es mir keineswegs an Fröschen,
Doch ist wohl auch ein König oder Prinz darunter?
Mühsam scheint es mir, dies herausfinden zu müssen
Durch Bälle Verlieren und anschließendes Küssen.
Darum habe ich mutig für mich beschlossen,
Es wird kein einziger Ball verschossen.
Ich mache die Sache kurz und bündig
Und werde ganz gewiss auch so fündig.
Mit ner Portion gesunden Menschenverstand
Klatsche ich sie alle gleich an die Wand.

Der gestiefelte Kater

oder

Kleider machen Leute

Der jüngste Müllersohn erbte einmal einen Kater.
In der Brüder Augen war's ein gewöhnliches Tier.
Und so dankten sie für ihr besseres Erbe
Mit heißen Tränen dem verstorbenen Vater.

In Wahrheit jedoch war dieser Kater gar nicht dumm.
Er führte mit Vorliebe Deppen an der langen Nase herum.
Und der Kater wusste - das galt früher ebenso wie heute -,
Ohne Kleider geht's nicht, denn Kleider machen Leute,

Und wie sich noch zeigen wird, auch wohl Katzen.
So erbat er sich von dem braven Müllersohn
Als kleinen Vorschuss auf zu erwartenden Lohn
Ein paar rote Stiefel für seine geschmeidigen Tatzen.

Als vornehmer Graf freite er für den Müller die
    Prinzessin.
Er ließ den König glauben, sein Herr sei edel und reich.
Das machte sowohl König wie Prinzessin weich,
Denn Reichtum zu mehren ist auch in adeligem Sinn.

Alsdann suchte er auf des großen Zauberers Haus,
Der Herr war über ein Schloss mit riesigen Ländereien.

Er forderte ihn zu manchem Zauberstück heraus
Und setzte dabei ganz auf Schmeicheleien.

Nachdem sich der Zauberer zu einem Elefanten aufgebläht
Und er dessen Verwandlungsehrgeiz erspäht',
Bedingte er sich geschickt von diesem aus,
Es auch einmal zu versuchen mit ner kleinen Maus.

Der machte er dann mit einem Sprung den Garaus
Und schaltete so des Müllers Widersacher aus.
Einer Hochzeit mit des Königs Tochter stand nun nichts
    mehr im Wege,
Gern gab der König den beiden seinen Thron und seinen
    Segen.

Der gute Kater handelte ebenso schlau wie verwegen.
Gestiefelt und gespornt mit Hut und Degen,
Machte er nun des neuen Königs Minister und Berater,
Und keiner sagte mehr, er sei nur ein gewöhnlicher Kater.

Ach bildete man doch auch noch heute allerorten
Kluge Katzen zu Beratern und Ministern aus!
Doch leider greift man oft zurück auf niedere Arten,
Gilt es, Posten zu besetzen im Hohen Haus.

Sieben Zwerge

Schön Schneewittchen hinter dem hohen Berge,
Die hatte gleich sieben ausgewachsene Zwerge:
Den ersten zum Putzen und zum Kochen,
Den zweiten zum Stopfen alter Socken,
Den dritten, um beim Aldi einzukaufen,
Den vierten, um mit ihr zu joggen und zu laufen,
Den fünften, um zu helfen beim Reimen,
Den sechsten, um sich bei ihr einzuschleimen,
Doch wozu war der berühmte siebte da?
Er gleich dir, mein Guter, bis auf ein Haar.
Wir verstecken ihn ganz einfach unter der Zipfelmütze,
Denn, wie du weißt, ist er ohnehin zu nichts nütze.

Frau Holle und die Wetterfrauen

Kennt ihr die gute dicke Frau Holle?
Die wohnt gleich gegenüber von Zolle,
Aber über den Wolken ein paar Stock höher,
Da ist's angenehmer und für die Arbeit bequemer.

Federbetten über die Erde auszuschütteln,
um diese mit dichtem weißen Schnee zu bedecken,
- das ist gewiss, daran lässt sich kaum rütteln -
so etwas kann nur der alte Petrus aushecken.

Dabei hilft Goldmarie, auf deren Händen ruht Segen.
Von ihr wird Frau Holle unterstützt und bestärkt.
Doch gibt's mal wieder Hagel und sauren Regen,
war - darauf kannst du wetten - Pechmarie am Werk.

Der große schwarze Wolf

Es war einmal ein großer schwarzer Wolf.
Der lebte im Wald und hieß mit Namen Rolf.
Er zauderte nicht lang, sein Magen gab nie Ruh.
Er fraß Rotkäppchen, die Oma und die 7 Geißlein dazu.

Es war einmal ein großer schwarzer Wolf.
Der hieß mal Louis, mal Friedrich, mal Adolf.
Er glaubte durch Kriege der Menschheit Retter zu sein
Und verleibte sich ganze Länder und Völker ein.

Es war einmal ein großer Wolf im schwarzen Kostüm,
Der hieß nicht mehr, sondern blieb gleich anonym.
Er verschlang viele Häuser und sogar ganze Banken
Mit jeder Menge Euros, Dollars und auch Franken.

Einem großen schwarzen Wolf beizukommen ist schwer.
Da hilft kein Jäger und auch kein Gewehr.
Seine Gefräßigkeit ist schier ohne Schranken,
Der bringt am End sogar den Erdball ins Wanken.

Gretel und die Hexe

Hänsel und Gretel verirrten sich im Wald.
Ihr kennt die Geschichte, sie ist schon alt.
Doch nimmt sie heut eine andere Wendung,
denn bekannt ist euch sicher nicht Gretels Sendung.

Die beiden lebten mit der Hex in ihrem Haus
Und fanden das Leben dort sehr angenehm.
Es ging hier des Walds Gesellschaft ein und aus,
Und vom Häuschen zu naschen war bequem.

Da Gretel gar nicht dumm und auch recht geschickt,
Lief sie nicht sogleich in die schnöde Welt zurück,
Sondern dacht', die Gelegenheit lass ich mir nicht
    entgehen,
Ich werde bei der Alten in die Lehre gehen.

Sie erlernte das Hexen, ohne dass sie sich groß plagt'.
Sie fühlte sich dazu von jeher hingezogen.
Und moderne Hexen sind auf dem Arbeitsmarkt gefragt,
Denn die Männerwelt bleibt Circen stets gewogen.

Tischlein deck dich!

Tischlein deck dich, Goldesel streck dich, Knüppel aus
  Dem Sack!
Mit solchen frommen Wünschen setzte man einst gemeine
  Diebe matt.
Inzwischen haben sich da kleine Änderungen ergeben.
Alles wird angepasst an das moderne Leben.
„Tischlein deck dich!" heißt es meist mit Blick auf die
  Mama.
„Goldesel streck dich!" gilt in der Regel dem Papa.
Und gibt es noch nicht genügend Butter bei die Fische,
Bemerkt man so ganz nebenbei nach Tische:
„Meine Sachen sind ganz schnell zusammengepackt"
Und lässt so ganz gewitzt den letzten Knüppel aus dem
  Sack.

Patchwork statt Asche

Als eines reichen Kaufmanns Tochter geboren,
Hatte Aschenputtel früh die Mutter verloren
Und musste sich als Magd in der Küche verdingen.
Wie sollte da eine glückliche Heirat gelingen?

Mit den Stiefschwestern wollte sie zur Prinzen-
    Brautschau,
Doch die Stiefmutter nahm es mit den Linsen sehr genau,
Die das Mädchen aus der schmutzigen Asche lesen sollte.

Da man ihr keinerlei Aufmerksamkeit zollte,
Halfen weiße Tauben, welche die verstorbene Mutter
    geschickt,
Und mit nem verlorenen Schuh machte sie endlich ihr
    Glück.

Heute wäre so ein Prinzenball überhaupt kein Problem.
Im Ballsaal könnte sie entspannt in großer Gala stehen,
Müsste nicht über mit Pech bestrichene Treppen gehen,
Sondern ließe sich stattdessen auf dem roten Teppich
    sehen.

Verlör' sie einen Schuh, würd' sie auf seinen hohen
    Absatz fluchen,
Prinzen gibt es auch nicht mehr, die einen solchen suchen.
Dafür klappt zu Hause alles ganz wunderbar.
Mit der Patchwork-Familie werden alle Wünsche wahr.

V. Sprichwörtlich-Wörtliches

Der sprichwörtlich goldene Morgen

„Morgenstund hat Gold im Mund",
Sagt der Fuchs und schielt verstohlen nach dem Hahn.

„Der Hahn", pfeift die Amsel, „der geht mich nichts an.
Und auch an die Spinne mach ich mich nicht ran,
Denn Spinne am Morgen bringt Kummer und Sorgen.
Ich weiß: Früher Vogel fängt den Wurm."

Da bricht sich der Kater durchs Gestrüpp seine Bahn,
Ihn interessieren weder Wurm, noch Spinne, noch Hahn,
Nur der singende Vogel, der macht ihn an.
Denn den frisst bekanntlich am Morgen die Katz.
Das geht schnell und lautlos mit nem Sprung ratz-fatz.

Und wer frisst die Katz am goldnen Morgen so heiter,
Geht das vielleicht dann immer so weiter?
Fragt sich der Sprichwort-Beflissene verstört.
„Der Morgen sorgt, der Abend verzehrt!"
Ist das nicht eher umgekehrt?

Der glückliche Müller

Es heißt, der Müller sei ein adelig Kind,
denn es arbeiten für ihn Wasser und Wind.
Doch kein Müller hat Wasser und kein Schäfer Weid'
  genug,
Drum wird der Mühlstein niemals moosig, sondern mahlt
  ohne Verzug.

Beim Anblick des Feldes hat der Müller nur ein Gefühl:
Er meint, das Korn wachse nur für seine Mühl'.
Kornblumen sind schön, aber Ähren sind besser,
Denkt er bei sich beim Füllen der Fässer.

Wenn der Müller nicht von Mehl spricht, dann spricht er
  von Säcken,
Das kann die schöne Müllerin schon lange nicht mehr
  schrecken,
So dass sie sich nicht mehr mit Arbeit, sondern nur den
  Müller plagt,
Denn Müllers Henn' und Witwers Magd hat selten
  Hungersnot geklagt.

Die Ausnahme als Annahme

Reden ist Silber, Schweigen ist Gold.
Doch als Anwalt kenn ich die Kondition.
Nulla regula sine exceptione.

(Für den Nicht-Lateiner übersetz ich lapidar:
Keine Regel ist ohne Ausnahme da.)

In meinem Falle nämlich ist beides zu erstreben.
Ich nehme gern Gold und auch Silber fürs Reden.
Denn so lässt sich zweifellos am besten leben.

Die impertinente Fliege

Um meinen Kopf summt und brummt eine Fliege,
Schicksalsunbekümmert dreht sie ihre Runden dort,
Aus Spaß und zu ihrem bloßen Genüge
Summt und summt sie immer so fort.

Zwar kann ich keiner Fliege was zuleide antun,
Doch ganz allmählich sehe ich rot,
Und wünsche ich auch keiner Fliege den Tod
So doch einen Teufel, der sie frisst in der Not.

Mag auch das Sprichwort Gegenteiliges bekunden,
Die Fliege ärgert mich nicht an der Wand,
Doch sollte sie mich weiter beharrlich umrunden,
Schlage ich auch zwei mit einer Klappe aus dem Stand.

Mein Begehr scheint die Fliege nicht anzufechten,
Und ohne Teufel und Klappe lässt sich schlecht rechten.
Dies Geschöpf glaubt sich geboren zum Siege,
Und heb' ich die Hand, macht sie lässig die Fliege.

Das Gedicht vom Hund

Über den Hund gibt es eine Menge zu sagen,
Die Frage ist, wirst du es tapfer ertragen?
Denn bist du erst einmal auf den Hund gekommen,
Wirst du von keinem mehr ernst genommen.

Mit einem Hund durch die Felder zu strolchen
Macht durchaus mehr Spaß als in der Stube zu hocken,
Doch mit einem Gedicht über einen solchen,
Kannst du keinen Hund hinterm Ofen hervorlocken.

Bist du als Dichter auch wie ein bunter Hund bekannt,
Nach einem Hunde-Gedicht wirst du nie mehr genannt.
Du könntest dabei, das mag einer verstehen,
Am Ende sogar vor die Hunde gehen.

Und gingst du hinüber noch zu dieser Stund,
Kein Hahn würd' nach dir krähen, das ist ein dicker Hund.
Und auf dem Leichenstein stünde eingegraben
„Da liegt" - mit Verlaub - „der Hund begraben".

Drum, sagt man auch, Hunde, die bellen, beißen nicht,
Hände weg vom Hund und vom Hundegedicht!

Regen bringt Segen

„Regen bringt Segen,
Der kommt mir gelegen",
Sagt ganz froh der Bauer im Mai
Und denkt an die sich füllenden Scheunen dabei.

„Regen bringt Segen,
Du könntest mal wieder fegen",
Sagt der Mann zu seiner Frau,
Bei sich selber nimmt er's weniger genau.

Oma ist schon alt und verbraucht
Und hat grad ihre Seele ausgehaucht.
In der Truhe hat jede Menge Geld gelegen,
Sagen die Erben: „Solcher Regen
Bringt uns ganz genüsslichen Segen".

„Regen bringt Segen",
Sagen selbst die Schlaraffen
Und lägen doch lieber faul auf den Ärschen,
Aber goldene Taler regnet es nur im Märchen.

Die versalzene Suppe

Was gibt es am Mittag Schlimmeres zu ertragen
als einen verliebten Koch bei leerem Magen!
Was hilft es hier mit der Zunge zu schnalzen?
Die Suppe ist nun einmal versalzen.

Der Koch hat mit seiner Liebsten kein Glück.
Sie führt ihn an der Nase rum hin und zurück.
Als sie auf seinen Antrag verbissen schweigt,
denkt er, das hast du gehörig vergeigt.

Dennoch möchte er sie zum Tanze laden,
um gemeinsam mit ihr durch die Sphären zu walzen.
Doch sie wählt einen andern, nen ganz faden,
Dem Koch aber hat sie die Suppe versalzen.

Und ist auch die Sache schon längst verhagelt,
Sein Kopf sieht's nicht ein, ist mit nem Brett vernagelt.
Da kann er lange süßen und schmalzen,
die Suppe ist und bleibt versalzen.

Reisen bildet

Reisen bildet, das weiß doch ein jeder,
Und so ausgerüstet mit Kamera und Feder,
Macht sich auch Meckel auf die Socken,
Will nicht länger in Stube oder Kneipe hocken.

Zunächst geht's auf nach Bella Italia,
Da war schon lange vor ihm auch Goethe da.
„Prego, Signore, dov'é?... ach wie hieß das doch gleich?"
Der Lärm und die Luft im alten Roma
Legen sich schwer auf Psyche, Aura und Soma.
Trotz Pizza, Vino rosso und jeder Menge Eis
Ist Meckel inzwischen kreidebleich.
„Si Signore, fa calore, Mann, es ist hier brüllend heiß!"
„Settanta Euro?!" Das kostet nicht nur Schweiß.

Kühler geht es her in Gran Britannia
Beim Lächeln der Queen und ihrer Schar.
Ehrlich gesagt, bei uns nennt man das ein Schietwetter.
Oh, that's o.k. It doesn't matter.
Wozu sind schließlich Hut und Regenschirm da
In unserem geliebten old Britannia!
Und im Pub wartet die Zeitung mit latest news.
Danach raus in den Regen mit allwear-shoes.
Täglich plum pudding, cake with a cup of tea.
Das wird schließlich dem armen Meckel zu viel.
Ihm reichen auch endlich Mantel und Schal.
„Vive la France!" und ab übern Ärmelkanal.

Oh là là, les belles femmes et la bonne cuisine,
Die sind ihm jede Sünde wert.
Im Moulin Rouge und im Maxime avec la jolie blonde
   très fine,
Da bleibt ganz und gar kein Wunsch verwehrt,
Aber nach drei Tagen sind Kräfte und Geld verzehrt.
Hier gut zu leben ist eben nur Gott gewährt!
Drum muss sich Meckel wohl oder übel bequemen
Von la douce France schnellstens Abschied zu nehmen.

Auch die stolzen Iberer besitzen noch große Kultur,
Wenn auch von vergangenem Gold und Silber keine Spur.
Es gibt keine Kolonien mehr zu befahren,
!Por desgracia!, das war vor vielen Jahren.
Zwar ruft der Maure: „Aún Granada es la más bella",
Im Glanze stehen Mezquita und Alhambra,
Vieles gibt's zu hören und sehen von Gewinne,
Doch bei Flamenco und Stierkampf schwinden Meckel die
   Sinne.
Lisboa hat Camoes und La Mancha den Don Quijot',
Aber Meckel sehnt sich nach Schwabenland und dem Pott.

So kehrt er schließlich heim, der alte Meckel,
Mit vielen Fotos und mit leerem Säckel.
Und am Stammtisch beim Willkommensfeste
Tönt er: „Reisen bildet, abba dahoim isch am beschte".

Es wird nichts so heiß gegessen wie gekocht

oder

Die gebrannte Familie

Mama tauschte am Telefon manches Wort.
Da hat sie sich beim Kochen die Hand verbrannt.
Nun hilft nur noch kaltes Wasser und Salbenverband.
Es wird zwar nicht heiß gegessen, aber heiß gekocht.

Weil er gern mit Mädchen rumgehangen,
Hat sich Sohnemann in Mathe ne sechs eingefangen.
Dann hat er eben die Klausur verbockt,
Es wird nie so heiß gegessen wie gekocht.

Töchterchen hat sich bei Oma den Mund verbrannt,
Indem sie der ihr heimliches Verhältnis gestand.
Oh je, da schoss sie einen ganz großen Bock,
Von wegen, es wird nicht so heiß gegessen wie gekocht.

Papa musste erkennen, er war ganz und gar blank.
Das brachte ihn zunächst fast um den Verstand.
Dann hat er beim Roulette das Haus verzockt.
Es wird alles nicht so heiß gegessen wie gekocht.

Gegensatz als Lebenskunst

Mal wirft es einen hin, mal wirft es einen her.
Richtig leben zu lernen scheint reichlich schwer.

Einen Schritt vor, zwei Schritte zurück.
Auf diese Weise macht man selten sein Glück.

Einmal geht es bergauf und einmal bergab.
Mach nur ja nicht zu frühe schlapp!

Wo die Treppe raufgeht, geht sie halt auch runter.
Wichtig ist: Bleibe dabei stets munter!

Augen auf und den Mund hübsch zu.
So behältst du am ehesten deine Ruh.

Mit Speck fängt man Mäuse

Mit Speck fängt man Mäuse,
sprach beflissen der Wirt
und stellte im Keller ein paar Fallen auf.
Mäuse fängt man am besten mit Speck.

„Speck", sagte die Katze ganz erfreut,
„Speck ist auch für mich nicht schlecht,
denn viele Mäuse kommen mir gerade recht.
Und Mäuse fängt man nicht nur mit Speck."

„Speck ist willkommen", meint' auch der Bussard,
der sich lässig in den Lüften rumtrieb,
„mir sind sowohl Katzen wie Mäuse lieb,
fängt man auch letztere meistens mit Speck."

Mit Speck fängt man Mäuse
und wie es scheint auch anderes Getier.
Drum hab Acht, dass man dir nicht Speck servier!
Denn Mäuse fängt man gerne mit Speck.

VI. Mythologisch-Logisches

Der Bandwurm und der Ohrenkneifer

oder

Skylla und Charybdis

Ein Bandwurm und ein Ohrenkneifer
Stritten um den Menschen als bevorzugtes Revier.
Sie entwickelten einen schier unbezwinglichen Eifer,
Wer von ihnen sich behaupten würde hier.

Der Bandwurm fraß und fraß, soviel er vermochte,
Und kämpfte sich tapfer von Darm zu Darm.
Der Mensch wurde immer dünner trotz Kotelett und Torte,
Dem Bauch war's unerträglich, dem Bandwurm schön
warm.

Der Ohrenkneifer, wie der Name sagt, kniff zuerst ins
Läppchen
Und bohrte sich sodann in des Ohres kunstvolle Muschel
ein.
Der Darm schrie vor Schmerz und wollte bloß noch
Päppchen,
Das Ohr schloss entsetzt das Tor und ließ nichts mehr
herein.

Für die Gegner endete der Kampf schließlich
 unentschieden.
Der Mensch rief verzweifelt: „Wie grausam ist die Welt!
Des armen Menschen Los ist nichts als Leiden hienieden,
So zwischen den Doppelrachen von Skylla und Charybdis
 gestellt."

Sisyphosleiden

Aufstehen, Anziehen und dergleichen,
So will sich der Tag einschleichen.
Hab doch schon so viel getan.
Rollt die Kugel den nie bergan?

Putzen, Waschen und dergleichen,
Was will ich denn damit erreichen?
Drangsal, Mühen sonder Zahl,
Schmutz und Dreck steckt überall.

Klotzen, Rennen und dergleichen,
Will sich denn kein Gott erweichen?
Es rinnt die Zeit, ist leicht vertan,
Doch schwer ist die Kugel und rollt nie bergan.

Des Göttervater Zeus letztes Abenteuer

Erlaubt mir, geneigte Leser, dass ich euch erzähle
Von Göttervater Zeus letztem Abenteuer.
Viele schöne Menschenfrauen nahm er zärtlich oder mit
Gewalt.
in heißer Begierde und der Tiere unterschiedlichster
Gestalt.

Besonders gern gedachte er der zauberhaften Leda,
die das herrliche Zwillingspaar und die schöne Helena
gebar,
nachdem er in eines Schwanes Gefieder ihre Liebe erwarb
und sein niederes Ich in Ledas wohlgeformten Armen
erstarb.

Er beschloss, des Schwanes Gestalt erneut zu erproben
und spähte auf die Erde vom goldenen Olympus droben,
um die Schar seiner göttlich-menschlichen Kinder zu
mehren.
Doch geschah es unter dem wachsamen Auge seiner Here.

Die hektische Verwandlung schadete den Proportionen,
und statt eines stolzen Schwanes entstand nur eine Gans.
Zwar zeugte Zeus, doch es war der Gänse Geschlecht.
Das war dem Alten ganz und gar nicht recht.

Denn die schnattern seitdem auf der Erde umher,
und beim Barte des Zeus, es werden täglich mehr!
Und so kam, ohne direkt einzugreifen in die Sache,
auch die kluge Hera noch zu ihrer wohlverdienten Rache.

Kein Zankapfel mehr

Hätte ich, wie Paris, unter den drei Schönen die Wahl,
Ich zögerte nicht lange, wäre schnell enthoben der Qual.

Ich wählte statt der Venus Zaubergürtel und süßen Leib
Die kluge Athene, denn die brachte es stets weit.
So fix und fertig aus Papa Zeusens Haupt entsprungen,
Hätte die Weise hier mit Wahrheit den Sieg errungen.

Auch nähme ich als Preis statt des Apfels eine Pomeranze,
Denn der Apfel war von jeher der Ursprung allen Zanks.
Sicher stünde das alte Troja noch in vollem Glanze
Und schnuppert' Zitrusfrüchte-Duft statt des Kriegs-
    gestanks.

Und dann war da noch die Sache mit der schönen Helena,
Die Paris unbeherrscht König Menelaos raubt',
Klar, der war alt, uncool und hatte graues Haar,
Doch hätte man ihn statt zu reizen wohl besser entstaubt.

So entstand Aufruhr in der Welt wegen einer einzigen
    Frau,
einer verpatzten Miss-Wahl und einer Modenschau.

Eine Affäre mit Folgen

Von einem Histörchen muss ich noch berichten,
das machte dereinst auf dem Olymp die Runde.
Noch heute lachen alle Götter über die Geschichte.
Von der schönen Venus' Affäre mit Mars ist die Kunde.

Venus, wie ihr sicherlich wisst, war Vulcanus ehelich
angetraut.
Dem war, als ob sich hinter seinem Rücken was Unschö-
nes zusammenbraut.
Denn die göttliche Venus, das war allgemein bekannt,
nahm es weder mit der Treue sehr genau noch mit dem
Ehestand.

Wen konnte das bei dieser Beziehung verwundern,
der Feuer speiende Vulcan war neben ihr ein kleines
Licht.
Zudem hinkte der Arme und sie, Meisterin der Verfüh-
rungskunst,
stand bei allen jungen Göttern in höchster Gunst.

So fand auch Mars, der kriegerische Held,
in Venus' Armen sei's besser als auf dem rauen Feld.
Also legte er ganz schnell ab die schwere Rüstung
und stieg zu ihr ins Bett zu beider Gelüstung.

Doch Vulcan kam von der Sache was zu Ohren,
er schnaubte: „Die kommen nicht davon ungeschoren."
Als geschickter Schmied fertigte er ein hauchdünnes Filet
und brachte es sauber an über der beiden Bett.

Alle Götter lud er ein, den Spaß anzusehen.
Die beiden Fische im Netz konnten sich nicht mehr regen.
Die Götter hielten sich vor Lachen den Bauch,
und der lose Hermes wähnte sich gern so gefangen auch.

Die Geschichte blieb in zweierlei Hinsicht nicht folgenlos:
Sie stellte nicht nur die beiden großen Götter bloß,
wer den Schaden hat, braucht für den Spott nicht zu
    sorgen,
Es geschah noch was andres, auch von Wichtigkeit für
    morgen.

Ein Ereignis war es ganz besonderer Natur:
Die Geburt des Amor hinterlässt in jedem ihre Spur.
Denn wen hätte der wohl nicht schon mit seinem Pfeil
    verletzt
und auf diese Weise ordentlich zugesetzt!

Amors Hochzeit

Einmal hat, wer hätte das gedacht,
der Liebesgott selbst sich um die Ruh' gebracht.
Ein großer römischer Dichter berichtet davon,
wie für seine Streiche der lose Bube empfing den Lohn.

Es lebte dereinst in südlichen Landen eine Jungfrau, brav
und ohne Tadel.
Psyche war ihr Name und ihre Familie war von hohem
Adel.
Sie war ausnehmend schön und wurde vom Pöbel als
Göttin verehrt,
Zum Missmut der Venus, denn die war ohne Opfer wie
ausgezehrt.

Venus befahl Amor, denn immerhin war der ihr Sohn,
„Ziel deinen Pfeil auf Psyche und unter aller Menschen
Hohn
mach diese Schlampe verliebt in den allerletzten Schuft!"
Sie schimpfte furchtbar auf Psyche und machte ihrem
Ärger Luft.

Doch Amor, als er das holde Kind erblickte,
erbleichte, ach so schön war dieses Weib,
dass er sich schließlich seufzend anschickte,
mit dem Liebespfeil zu ritzen seinen eignen Leib.

Sogleich war er in Liebe, Venus in Zorn entbrannt.
Die schöne Psyche ward von ihrem Liebsten verbannt

und verdonnert, auf der Erde umherzuirren.
So kann die Liebe eine reine Seele verwirren.

Amor indes, mit gestutzten Schwingen,
konnte von mütterlichen Strafen ein Liedlein singen.
Er und Psyche wurden schwer geschunden für die Tat.
Schließlich bat Amor Großvater Zeus um Rat.

Dieser wusste für die Krankheit eine himmlische Medizin:
Das Joch der Ehe war das Beste für den Enkel, wie ihm
    schien.
Ach, dieses Rezept wird wohl niemals veralten,
Drum sollten sich die Jungen schön im Zaume halten!

Dies ist die Kurzversion von einer Geschichte ellenlang,
sie fängt bei jedem Menschen wieder von vorne an.
Im Original ist sie bei Apuleius nachzulesen,
als Märchen von des Liebesgottes und der Seele Wesen.[7]

---

[7] „Amor und Psyche" ist es geheißen,
    steht im „Goldenen Esel" und findet nirgends seinesgleichen.

Diana beim Bade

Diese Geschichte erzähl ich dir zu deiner eigenen Lehre.
Drum sperr die Ohren weit auf und höre!

Aktaion, ein junger Held, zum Jäger geboren,
jagte eine weiße Hirschkuh, die er im Gehölz verloren.
Da erspähte er bei einer Quelle von großer Klarheit
im Kreis ihrer Gespielinnen die Göttin der Jagd und der
    Wahrheit.

Diana, die Herrliche, die ganz nackt beim Bade war,
spielte sorglos inmitten ihrer Jungfrauen Schar.
Wie bekannt, blieb der Mädchen Jungfernschaft stets
    unversehrt,
und die strenge Diana ward als jungfräuliche Göttin
    verehrt.

Aktaion, durch Gebüsch vor der Mädchen Augen
    verborgen,
ward geblendet von dem Anblick und von Sehnsucht
    verzehrt.
Bar aller Vorsicht schlich er sich leise weiter vor
und ward entdeckt von der schönen Diana, der arme Tor.

Die hat sofort auf der Stelle gehandelt
Und den Ärmsten in einen Hirsch verwandelt,
der von seinen eigenen Hunden furchtbar gehetzt:
Denn nackt sieht keiner Diana, so lautet das Gesetz.

Ohne ihn zu erkennen, verfolgten ihn die Hunde verbissen
Und haben zuletzt ihren eignen Herrn in Stücke gerissen.
Leider gibt es in der Geschichte keine Wende.
Es bleibt bei diesem ganz grausamen Ende.

Drum, solltest du mal eine schöne Frau beim Bade
    überraschen,
schon der Gedanke ist verpönt, sie eventuell zu
    vernaschen.
Bedenke wohl, es herrscht immer die Gefahr dabei,
du stehst plötzlich im Walde mit einem Geweih!

Das Bildnis des Pygmalion

Vorzeiten lebte auf Cypros ein Künstler,
Sein unvergessener Name war Pygmalion.
In der Bildhauerkunst war er ein großer Meister,
Es gab keinen größeren unter der ganzen Sonn'.

Einst haute er aus einem Brocken von grobem Stein
Das Bildnis einer Jungfrau, zart und rein.
Er wirkte voller Eifer und hauchte dem Stein
Die Schönheit seiner eigenen Seele ein.

Vor seinem Werk saß er nun hingesunken,
Der Leib war voller Grazie, die Glieder so fein,
Dass es schien, das Bildnis sei aus Elfenbein.
Er ward vor Liebe zu ihm ganz trunken.
Und inbrünstig flehte er Aphrodite an,
Das Bildnis möge doch lebendig sein.

Die Göttin der Liebe zeigte mit ihm Erbarmen,
Und sogleich hielt er die Schöne lebendig in den Armen.
Bis heute, sei es in Cypros oder einem andern Land,
Ward ein ähnlicher Fall nicht mehr bekannt.

Mir scheint, die Göttin handelt klug auf ihre Weise,
Sag ich hinter vorgehaltener Hand ganz leise,
Denn schaut man auf moderne Bildnisse, die neuen,
Könnte der Künstler seinen Wunsch wohl bereuen.

Die Verwandlung

Circe, die große Zauberin, ebenso schön wie mächtig,
ließ es sich seinerzeit auf ihrer Insel nicht nehmen,
Männer, machten ihr solche zu schaffen,
zu verwandeln in Schweine oder Affen.

Man hört, das kann auch heute noch geschehen,
hat sich einmal ein Mann in eine Frau versehen
und lässt sich von dieser so richtig betören,
oder er will bei einer neuen Liebschaft stören.

Und notfalls, das ist wohlbekannt,
denn Mensch und Tier sind ja verwandt,
kann sich die Verwandlung auch von selbst vollziehen,
ganz ohne eine Frau oder Circe zu bemühen.

Das neue Menschengeschlecht

Ähnlich wie mit seiner Arche Vater Noah
Bauten einen hölzernen Kasten auch Deukalion und
   Pyrrha
Und sind so dem Tode durch die Sintflut entronnen,
Die der Göttervater den Menschen zugesonnen.

Als sie schließlich wieder an Land gekommen,
Warfen sie hinter sich einfach Steine,
Und ein neues Menschengeschlecht wuchs aus dem
   Gebeine.

Da sie vergaßen, wie Noah Tiere einzuladen,
Stellt sich für uns Heutige die brisante Frage:
Stammen wir ab von Affen oder von Steinen?
Beides ist denkbar, will mir scheinen,
Und ist ebenso zum Lachen wie zum Weinen.

Midas, der Gierige

Einst lebte König Midas, reich und voller Gier,
In dessen Garten sich ein Silen verirrte.
Das ist ein Wesen halb Mensch, halb Tier,
Das ihm nach seiner Befreiung einen Wunsch gewährte.

Midas wünschte sich, alles was er berührte,
Sollte sich in pures Gold verwandeln.
Der Wunsch war nicht klug, zu dem ihn die Gier
    verführte,
Denn so musste er sich fast den Hungertod und Esels-
    ohren einhandeln.

Mancher Gierige möchte, man sei ihm wie dem Midas
    hold,
Und alles, was er anrührt und verschiebt, würde zu Gold.
Doch in Wahrheit ist er wie jener ein selbstverliebter
    Geck
Und was er berührt, wird einfach nur zu Dreck.

Prometheus

oder

Der unnütze Feuerraub

Prometheus, der edle Menschenfreund und -gönner
Stahl für uns vom Olymp das göttliche Feuer,
Auf dass es erleuchte unser armes Geschlecht!
Das war dem großen Zeus absolut nicht recht.

Er sprach grimmig: „Ich lass ihn züchtigen, den Wüsten,
Für diesen Frevel soll er teuer büßen."
Er ließ ihn an einen Felsen anschmieden
Und des tags von einem Adler seine Leber zerfressen,
Die des nachts wieder wuchs. So fand er niemals Frieden.
Diese Strafe hielt Zeus der Tat für angemessen.

Haben auch alle Menschen an dem Feuer Freud,
Zu solch einem Opfer wäre heute keiner mehr bereit.
Dieser Preis erschiene ein jedem viel zu teuer.
So mancher ist zwar ein schwaches Licht,
Doch stiehlt er deshalb noch lange kein Feuer.

Mit Feuerzeug und elektrischem Licht
Wäre er auch vielleicht dem Zeus entwischt,
Aber seiner Strafe entgeht er deshalb noch nicht.
Zwar zerfrisst ihm die Leber kein Adler wohl,
Doch besorgt das ganz beharrlich der Alkohol.

Tantalus-Lehre

Ähnlich wie Prometheus erging es Tantalus.
Er raubte Ambrosia von der Götter Tafel.
Er meinte, Götterspeise sei auch für Menschen ein Muss,
Und nicht wie zu Adams Zeiten ein roter Apfel.

Zur Strafe ward er in die Unterwelt abgeschoben,
Wo er nun, jeder weiteren Mahlzeit enthoben,
Qualvoll Hunger und Durst erleiden musst',
Obwohl er umgeben war von Überfluss.

Früchte, golden, hingen über ihm, unerreichbar.
Da stieg Ärger in ihm auf. Das ist unausweichbar.
Wasser konnte er nur schöpfen mit einem Sieb,
Was ihn am Ende fast in den Wahnsinn trieb.

So durfte er niemals fassen, immer nur schauen.
und verübte schließlich Taten voller Grauen.
Drum sei die Schöne stets zu Milde und Gaben aufgelegt,
Denn Unerbittlichkeit und Strenge bringen Gräuel auf den
  Weg.

Der schöne Mundschenk

Vater Zeus wollte sich nicht nur mit Damen laben.
Manchmal empfahlen sich dazu auch schöne Knaben.
So entdeckte er auf dem großen Erdenrund
Den blond gelockten Ganymed grad zur rechten Stund.

In Gestalt eines Adlers trug ihn Zeus davon,
Den holden Prinzensohn aus Ilion.
Der Vater, welcher den geliebten Sohn einbüßte,
Erhielt einen Weinstock, der ihm sein Los versüßte.

Der sollte ihn stets erinnern an den geliebten Sohn,
Dem das Amt des Mundschenks ward zum Lohn.
An der großen olympischen Göttertafel
Schenkte er Wein aus und auch Met, der wunderschöne
Ganymed.

Da ihm der Wein und die Götter ziemlich zugesetzt,
Wurde er zu guter Letzt als Wassermann an den Himmel
versetzt.

Adonis und die Blumen

Das Los schöner Jünglinge ist nicht immer zu beneiden,
Denn es lässt sich offensichtlich kaum vermeiden,
Dass Götterlieblinge wegen ihrer Schönheit leiden.

So erging es auch Adonis, dem holden Knaben.
Den wollte Aphrodite für sich selber haben,
Um sich an ihm zu sättigen und zu laben.

Doch ist dies dem Jüngling eher schlecht bekommen,
Denn nachdem ihn ein wilder Eber zwischen die Hauer
  genommen,
Ist er ziemlich abrupt ums Leben gekommen.

Die Göttin war untröstlich und bleich vor Wut.
Rote Anemonen wuchsen aus seinem Blut.
Doch diese Verwandlung tat dem Armen nicht gut:

Sechs Monate im Jahr darf er wiederkehren,
Um der Göttin als duftende Blume zu gehören,
In deren Gestalt ihn alle Frauen verehren.

VII. Statt eines Epilogs:

Und sie singen doch!

Die Vögel sind ein gar lustiges Völkchen,
Ganz hingegeben ihrer Frohnatur.
Es trüben sie kein Kummer und kein Wölkchen,
Sie klagen nie, sie singen nur.

Ist es im Frühling noch frostig und kalt,
Suchen sie sich eines Baumes Loch,
Zitternd vor Kälte hocken sie im Wald,
Aber trotz aller Unbill singen sie doch.

Unter sengender Hitze und Sonnenglut
Und sogar ohne Sonnenschirm und -Hut
Machen sie sich stets erneut auf die Schwingen
Und unterlassen es keinesfalls zu singen.

Im Herbst trotzen sie mutig jedem Sturm.
Sie suchen emsig nach dem letzten Wurm.
Dies Geschäft ist wichtig, doch neben andern Dingen
Vergessen sie niemals auch noch zu singen.

In der blauen Stunde schon kurz vor dem Tagen
Hebt im lichtenden Äther ihr Singen an,
Das ganze Universum ist lebendiger Hall,
Und ähnlich tönt es beim letzten Sonnenstrahl.

Drum mach ich's wie die Vögel und folge meiner Spur,
Immer nach dem schönen Vorbild der Natur.
Und wenn mir auch alle widerrieten:
Ich lass mir weder Schnabel noch Lied verbieten.

Autorenportrait Dr. Josefine Müllers

Literaturwissenschaftlerin -
Frei schaffende Autorin -
Spirituelle Lehrerin -

wohnhaft in Überlingen
am Bodensee

Die Autorin ist 1948 am Niederrhein geboren. Sie machte zunächst eine Übersetzerausbildung mit Tätigkeiten im In- und Ausland. Dann absolvierte sie ein Studium als Germanistin und Romanistin. Sie studierte Deutsch, Französisch, Spanisch, Philosophie und Pädagogik mit den Abschlüssen I. und II. Staatsexamen und Promotion in Neuerer Deutscher Literatur.

Sie arbeitete als Dozentin für Literatur und Sprachen in der Universität und in der Erwachsenenbildung, als Deutsch- und Französischlehrerin in der Schule, als Seminarleiterin und Beraterin in spiritueller Psychologie und Symbolwissenschaft. Heute lebt sie als frei schaffende Autorin und spirituelle Lehrerin in Überlingen am Bodensee und hält Lesungen, Vorträge und Seminare.

Sprachen: Deutsch, Franz., Spanisch, Englisch (fließend); Italienisch, Portugiesisch, Latein (gute Grundkenntnisse)

Veröffentlichungen:

Bücher und Hörbücher:

Liebe, Erkenntnis und Dichtung. Ganzheitliches Welter-
fassen bei Goethe und Hölderlin, Frankfurt a. M. 1992

Die Ehre der Himmlischen. Hölderlins *Patmos*-Hymne
und die Sprachwerdung des Göttlichen, Frankfurt a. M.
1997

Liebe und Erlösung im Werk Johann Wolfgang von Goe-
thes, Frankfurt a. M. 2008

Die Poesie des Himmels. Eine literarische Reise durch die
Welt der Engel. Große Engelgedicht-Anthologie, Hrsg.
und Mitautorin, Freiburg 2008

Dazu auch Hörbuch: Die Poesie des Himmels, (Auszüge
aus dem obigen Buch, gelesen von Nina Petri mit harfen-
musikalischer Begleitung), Freiburg 2008

Neuauflage des Hörbuchs: Wie Engel auf Erden, Freiburg
2013

Amor und Psyche. Das Mysterium von Herz und Seele,
Frankfurt a. M. 2011

Geheimnis und Verwandlung. Märchen und Initiations-
geschichten, Berlin 2013

Erinnerung an das Sein. Gedichte um Mensch und Natur, Hamburg 2016

Der Liebe selig Lied. Liebeslyrik, Hamburg 2016

Und ewig ist der Augenblick, Gedichte, Hamburg 2017

Aufsätze:

Lesend aber gleichsam, wie in einer Schrift. Anmerkungen zu Hölderlins hymnischen Betrachtungen *Was ist der Menschen Leben?* und *Was ist Gott?* in: Hölderlin-Jahrbuch 1994-95

An der Hand des Engels. Der Engel in bildender Kunst und Literatur, in: *Symbolon*, Jahrbuch für Symbolforschung, Neue Folge, Band 13, 1997

Das sich offenbarende Geheimnis: Goethes *Märchen* der Erlösung. Ein Beitrag zum symbolischen Verstehen, in: *Symbolon*, Band 14, 1999

Die Sprache des Selbst und ihre Wandlungen im Medium des Traums, in: *Symbolon*, Bd. 17, 2010

Die Bewusstwerdung des Göttlichen im Menschen, in: *Lichtfokus* Nr. 47, Herbst 2014

außerdem:

Parabeln, Märchen, Kurzprosa, Lyrik und Lyrik-Übersetzungen in Anthologien und literarischen Zeitschriften

Zeitfracht Medien GmbH
Ferdinand-Jühlke-Straße /
99095 Erfurt, Deutschland
produktsicherheit@kolibri360.de